# अपने लिए लिखता हूं

# अपने लिए लिखता हूं

जलज छाबड़ा

Worldwide Published by
Pendown Press

**PENDOWN PRESS LLP**

**An ISO 9001 & ISO 14001 Certified Co.,**

**Regd. Office:** 3767A, Kanhaiya Nagar,

Tri Nagar, Delhi-110035

**Ph.:** 8130886000, 9650072927

**E-mail:** info@pendownpress.com

**Branch Office:** 1A/2A, 20, Hari Sadan, Ansari Road,

Daryaganj, New Delhi-110002

**Ph.:** 011-45794768

**Website:** PendownPress.com

**Edition:** 2024

**Price:** ₹ 299

**ISBN:** 978-93-6338-399-9



*Layout and Cover Designed by* Pendown Graphics Team

*Printed and Bound in India by* Thomson Press India Ltd.

# अनुक्रम

# भूमिका

अभी हाल ही में कुछ दिन पहले, मैं और मेरी पत्नी पायल, रविवार की दोपहर को घर के कामों से कुछ समय निकालकर आपस में बात कर रहे थे, तभी अचनाक पायल बोली, "जलज यार, क्या हमारे पास जीवन में वह सब कुछ है, जो हमें खुश रखने के लिए काफी है?" इस बातचीत के दौरान, मैंने जाने कैसे एक कविता लिखी कविता के लफ्ज़ खुद-ब-खुद निकल आए। वह जैसे मेरे दिल से निकली थी, मैंने ये कविता अपने इंस्टाग्राम पे पोस्ट की और इस कविता का नाम था **"सब दिमाग का खेल है"** सच कहूं, तो मैं काम कर के कुछ थक गया था और मुझे एक ब्रेक चाहिए था। इस कविता को बहुत से लोगों ने सराहा, यह देखकर मुझे बहुत अच्छा लगा। मेरा मानना है हमने कितना पाया है, क्या पाया है, क्या नहीं, यह पूरी तरह से हमारी सोच और देखने के तरीके पर निर्भर करता है।

संयोग की बात है कि 2-3 हफ्ते के बाद, एक रविवार का ही दिन था। इस दौरान हमारे आसपास के दो जानकार अचानक गुज़र गए, तब मैंने एक नई कविता लिखी। मैं ये नहीं कह सकता कि मैंने सच में इसे लिखा, क्योंकि मुझे खुद नहीं पता कि कैसे और कहाँ से ये शब्द आए, बस कलम चलती गयी और मैंने लिख डाली। इस कविता का नाम था, **"अधूरे सपने"**। जब मैंने इसे इंस्टाग्राम पर एक वीडियो के रूप में पोस्ट किया, तो इसे भी काफी सराहा गया, और इसने मेरे दिल को छू लिया।

# अपने लिए लिखता हूँ

मेरी बेटी, जियाना छाबड़ा, जो अभी नौ साल की है, हाल ही में अपने ऑस्ट्रेलिया टूर के ऊपर एक किताब लिख रही है, जिसका शीर्षक है, **"Hectic Holidays Down Under"** इस किताब में बेहतरीन चित्रकारी मेरी बड़ी बेटी "तोयानवी" ने करी है, अपने बच्चों की कला देख कर मैं बहुत प्रेरित हुआ और मुझे लगा उनका 44 साल का पिता ऐसा क्यों नहीं कर सकता?"

2004 में अपनी कंपनी शुरू करने से पहले मैं कला और रचनात्मक क्षेत्र में काफी रुचि रखता था। मगर सच कहूं तो उसे अपना करियर बनाने की कभी हिम्मत नहीं हुई। पर अब जब लफ़्ज़ निकल रहे थे और मुझे लगा ज़िन्दगी ने फिर एक मौका दिया है, तो मैंने दौबारा सोचा नहीं और अपने पुराने शोक पूरे करने के लिए ये किताब लिखनी शुरू करी।

शुरुआत में, मुझे काफी शर्म महसूस हुई और मैंने कई दिनों तक सोचा पर सच कहूं लिखते हुए मुझे बहुत मज़ा आ रहा था। इसी दौरान मैंने, **"शर्म वगेरह बेच दी मैंने,"** लिख डाली। अपनी ही कविता से प्रेरित होकर, मैंने उस जुनून को पहचाना जो मेरे दिल में था, फिर मैंने लिखना जारी रखा और अपनी सबसे पसंदीदा ऑडियंस, पायल छाबड़ा को सुनाया। चाहे उसने खुलकर व्यक्त किया या नहीं, लेकिन उसका "नाइस" कहना मेरे लिए काफी था। अगर कोई मुझे जीवन के रस का आनंद लेने देता है, तो वह केवल मेरी पत्नी पायल है, मेरा 24*7 सपोर्ट सिस्टम। पायल मेरी सबसे बड़ी प्रेरणा है।

मेरे पापा, भाई, और दोस्त भी अक्सर यही कहते हैं कि जीवन को पूरी तरह से जियो और हर पल का आनंद लो। और हर काम करो, पर वो सब तभी संभव है जब आपका काम तनावमुक्त चले, जिसके लिए मैं अपनी टीम का भी बड़ा आभार व्यक्त करता हूँ, जो मुझे काम के अलावा दूसरी चीज़ों पर समय देने का मौका देते हैं और मेरे पीछे कार्यभार संभाल लेते हैं, खासकर जब मैं कहीं और व्यस्त होता हूँ। शायद आगे आप मेरी कविताओं में इन विचारों की झलक पाएंगे।

बड़े डर और हिचकिचाहट के साथ, मैं इस किताब को छापने जा रहा हूँ। मेरी एकमात्र उम्मीद यह है कि इसे पढ़ने वाले को इससे मज़ा आए या न आए, अपने पुराने अरमानों को पूरे करने का एक बार जरूर सोचेंगे। यही मेरा मकसद है, यही मेरा इरादा है। मैं इस किताब को बेचने या कमाई के लिए नहीं लिख रहा हूँ; यह केवल मैं अपने लिए लिख रहा हूँ, यह मेरी ख़ुशी के लिए है। मुझे उम्मीद है कि जो भी इसे पढ़ेगा, वह अपने सपनों को पूरा करने के लिए प्रेरित ज़रूर होगा।

**- जलज छाबड़ा**

# आभार पृष्ठ

सबसे पहले, मैं अपने माता-पिता का हृदय से आभार व्यक्त करता हूँ, जिन्होंने मुझे बार-बार असफल होने और गिरने के बाद भी स्वतंत्रता और भरोसा दिया, जिससे मैं हर बार खड़ा हो सका।

अपने भाई का मैं दिल से शुक्रगुज़ार हूँ, जो हर परिस्थिति में, बिना किसी सवाल के, हमेशा मेरे साथ खड़ा रहा।

राहुल जैन सर को धन्यवाद, जिन्होंने 2021 में मेरी मेहनतकश सोच को विस्तार देते हुए, मुझे एक स्मार्ट वर्कर बनने की दिशा दिखाई।

मैं ईश्वर का आभारी हूँ, जिन्होंने मुझे यह जीवन, अवसर और अनगिनत आशीर्वाद दिए।

मेरे दोस्तों और यारों का भी आभार, जिनके साथ हर छोटी-बड़ी दिल की बात खुलकर साझा कर, मैं इस जीवन में आगे बढ़ता जा रहा हूँ।

अक्षर यादव सर का विशेष आभार, जिन्होंने एक कठोर, अनुशासनप्रिय ऑपरेशन्स हेड को एक मिलनसार और सकारात्मक दृष्टिकोण रखने वाले सेल्समैन में बदलने में महत्वपूर्ण भूमिका निभाई।

अंत में, अपनी पत्नी और प्यारी बेटियों का मैं तहे दिल से धन्यवाद करता हूँ, जिन्होंने मुझे हमेशा भरपूर समय, स्थान और प्रोत्साहन दिया, ताकि मैं अपने दिल की सुनकर अपने सपनों की ओर बढ़ सकूँ।

1

# अपने लिए लिखता हूँ

बाहर से जो मैं सबको एक आम कामकाजी दिखता हूँ,
किसी को ये क्या पता? कब से मैं अपने लिए लिखता हूँ।

कहानी ये है कि सपने सबके होते हैं,
पर ज़रूरत उन सपनों पर भारी पड़ जाती है,

20 साल की उम्र में तो जेब,
शौक से ऊपर दिमाग पे चढ़ जाती है।
45 तक आते-आते, काम-धाम में सब खो जाते हैं,
पर अगर बाहर निकलना चाहो, रास्ते तैयार हो जाते हैं।

काम किया खूब जीवन में, अब सब लोग चलते हैं,
कर ले जो सब तेरी है इच्छा, ख्याल दिल में आते हैं।
अब किसी को मैं अच्छा लगता हूँ,
किसी को बेकार दिखता हूँ,
फर्क मुझे नहीं पड़ता, क्योंकि,

मैं सिर्फ अपने लिए लिखता हूँ,
मैं सिर्फ अपने लिए लिखता हूँ।

2

# शर्म वगैरह बेच दी मैंने

शर्म वगैरह बेच दी मैंने,
रखी थी जैसे ये थे गहने।
गया जब एक दोस्त के रहने,

शर्म नहीं, ये डर है तेरा,
बोला मुझको यार मेरा,
लगा मुझे वो ये कहने:
रुकी झील बना बैठा है,
पानी जिसका सड़ा बैठा है।

कब तक तू शर्माएगा?

छोड़ दे डर, तू जी ले खुल के,
नदी की तरह बह जाएगा।

बस वो पल था, बदल गया मैं,
डर, अब तू पछताएगा।
शुरू हो गई बेशर्मी मेरी,

अब बड़ा मज़ा आएगा,
अब बड़ा मज़ा आएगा।

गहराइयों में छिपी थी जो आवाज़,
अब वो सबके सामने आएगी,
जिन सपनों
को दबा दिया था कहीं,
अब वो ख़ुशी सामने आएगी,
खोल दिए हैं पंख मैंने,

अब कोई मुझे रोक न पाएगा।

3

# सोच

ये दिमाग तो सिर्फ शरीर का एक हिस्सा है,
आपकी सोच आपकी
ज़िन्दगी का अगला किस्सा है।

कहीं कुछ गलत न हो जाए,
सबको विचार आते हैं,
और इस चक्कर में कितना कुछ
और हो सकता है,
हम सोच भी नहीं पाते हैं।

सोचने का काम अगर दिल से किया जाए,
तो हर सपना सच बन जाए।

एक बार इससे आगे तो निकलो,
क्या पता आपकी सोच
आपको आसमां तक पहुंचा जाए।

4

# पुराने शौक

बिना सोचे, क्या बातें करेंगे दुनिया वाले,
मैंने अपने "पुराने शौक" वापस जी डाले।

अरमान चाहे नए हों या पुराने,
पूरे करने पड़ेंगे,
नहीं तो आखिरी दिन
हम अपने आप से लड़ेंगे।

यह करना था - वह करना था,
मुझे समझ नहीं आता,
इतना सोचता मैं तो ज़िंदगी न जी पाता।

ज़िंदगी की राह में यही सीख है खास,
शौक रखते है ज़िंदगी की सच्ची मिठास।
ख्वाबों पूरा करने की राह पर,
पुराने शौक ही हैं जो देते हैं ज़िंदगी को प्यार का अहसास।

वह दाल क्या स्वाद करेगी जिसमें ना हो "बढ़िया छौंक"?
वह ज़िंदगी क्या जिसमें पूरे न हुए आपके "पुराने शौक"?

5

# ज़िम्मेदारियाँ

भले ही इस दुनिया के लिए साथ रहते हैं हम,
फिर भी लगता है मुलाकात नहीं होती।

कितनी ज़िम्मेदारियाँ हैं, जिनकी करते हैं सुबह-शाम हम बात,
फिर भी लगता है तुझसे अब हफ्तों मेरी बात नहीं होती।

इन जिम्मेदारियों के बोझ तले,
रिश्तों की मिठास कहीं खो जाती है।

पर यह ज़िम्मेदारियाँ हैं जो बांधें हैं हम दोनों का प्यार,
आज़ादी तो 4 दिन बाद ज़िन्दगी में सूनापन लाती है।

6

# पायल

तुझ से लिपट कर मैं कहीं,
तुझ से लिपट कर मैं कहीं,
खुद ही को खो देता हूँ,

बनी जो मेरी तू, खुशी से रो देता हूँ,
चाहता तुझे मैं मेरी जान, बेहिसाब हूँ,

हर पन्ने पे नाम तेरा,
मैं वो किताब हूँ

हर पन्ने पे नाम तेरा,
मैं वो किताब हूँ।

7

## ज़रूरत

छोड़ गया तू मुझे उस दिन यार,
जब तेरी सबसे ज़्यादा ज़रूरत थी,

रात भर देखा सब कुछ,
जो याद रहा वो सिर्फ तेरी सूरत थी।

सबको लगा माहौल अच्छा था,
मैं भी खुलकर नाचा,
लगा जैसे तड़प रहा मैं,
पड़ा मुझे एक बहुत करारा तमाचा।

सपनों में ढूंढा तुझको,
यादों में तू बसा रहा,
हर खुशी में तेरी कमी,
जैसे कुछ खफ़ा रहा।

फिर भी रोया नहीं, मैं लड़ा,
मुझसे मेरी क़ुदरत थी,

छोड़ गया उस रात,
जब तेरी सबसे ज़्यादा ज़रूरत थी।

8

# हल्की बात

बात ही हल्की कर दी तुमने,
क्या सोच कर काम करूँ मैं?

क्या सब जो काम दिया, पक्का करके लाएगा,
यह सोच अब क्यों डरू मैं?

बेहतर है अपनी गाड़ी में,
तुम ढूंढो नई सवारी।

हल्का काम ना करते हम,
हमें आदत है, संगत भारी।

9

# सितंबर

सितंबर का महीना जैसे ही आता है,
हर साल माहौल ही बदल जाता है।

मौसम बदलने लगता है अपनी राह,
और दिल-दिमाग में आ जाती है, घूमने-फिरने की चाह।
आख़िर त्योहारों का समय आ गया,
सबसे मिलने का अरमान दिल में छा गया।

आने वाली हैं पत्ते खेलने की रातें,
करेंगे खूब सबसे इधर-उधर की बातें।
थोड़ा अब शरीर का ध्यान करो,
आने वाला है समय जब यार कहेंगे जल्दी अपने ग्लास भरो।

वैसे तो नहीं जाता बाकी का साल खाली,
पर मज़ा अलग है माहौल का क्यूँकि आने वाली है दीवाली।
धर्ती रामलीला की बत्तियों से चमक उठेगी,
और इस महीने तक साफ रहेगा अम्बर।

मज़ा अलग है इस मौसम का,
देखो, आ गया सितंबर।

10

# दिवाली के ये दीये

दिवाली की रात इन जगमगाते,
दीयों को देख, मुझे ये ख़याल आया:
अरे वक़्त, ज़रा कदम-कदम चल तू,
मुझे कितना आगे ले आया।

शुक्रिया तेरा, जो ये
नाम, प्यार, और परिवार मिला।
और इन सब के साथ खुशियां ढूंढ,
मैं सब काम करता चला।

काम करते-करते इतना सीखा-समझा,
सही-गलत तूने सिखाया,
कुछ चीज़ें मैं आज तक भी
अच्छे से समझ न पाया।

उम्मीद करता हूं अगली दिवाली के दियों में,
जो कुछ नहीं आता, सीख जाऊंगा।
इन कमियों और गलतियों को सुधार कर
और भी बेहतर दीये लाऊंगा।

11

# आराम के सपने

कभी-कभी सुबह होते ही बिस्तर से ना निकलना,
ज़रूरी नहीं है इस शरीर का कारखाने की तरह चलना।

दिन की थकावट के लिए,
रात को नींद में चंद घंटों का आराम सब लेते हैं,
पर कैसे लोग हैं हम,
जो एक मशीन की तरह 18 घंटे रोज चलते हैं?

थके हुए हो तो अपने शरीर की सुनो,
और कभी-कभी उठते ही सोचो,
आज तो मैं सिर्फ आराम करूँगा,
ये सपने भी बुनो।

कहते हैं, सपने देखने से सच हो जाते हैं,
और समझो मेरे दोस्त,
इस आराम में हम और बड़े-बड़े सपने देख पाते हैं।

12

# कभी अपने साथ भी ज़रा रह के देखो

कभी अपने साथ भी ज़रा रह के देखो,
यार छुट्टी लेकर अकेले जाना है, कह के देखो।

सबको खुश करते बीत जाते हैं दिन रात,
कर के देखो कभी अपने साथ भी अकेले मन की बात।
कई अरमान हैं, जो सामने आएंगे,
कई ऐसे डर हैं, जो दूर भाग जाएंगे।

कभी अपने साथ भी ज़रा रह के देखो,
यार छुट्टी लेकर अकेले जाना है, ज़रा कह के तो देखो।
सबसे महंगी बुकिंग कराना,
सबसे बढ़िया वाला खाना अकेले में खाना।

अकेले ही सबसे बढ़िया जगह लेना तुम स्पा,
खत्म होने पर ऐसा लगेगा, हम पर है ऊपर
वाले की कितनी कृपा।
अपने साथ भी ज़रा रह के देखो,
यार छुट्टी लेकर अकेले जाना है, ज़रा कह के तो देखो।

## अपने लिए लिखता हूँ

अपने साथ भी ज़रा रह के देखो,
यार छुट्टी लेकर अकेले जाना है, ज़रा कह के तो देखो।

कई खराब रिश्ते हैं जो सामने आएंगे,
कई दिल के तार हैं जो फिर जुड़ जाएंगे।
जनाब, अकेले रहना भी एक कला है,
क्योंकि आज तक सबके साथ ही तू चला है।

अपने साथ भी ज़रा रह के देखो,
यार छुट्टी लेकर अकेले जाना है, ज़रा कह के तो देखो।

13

## औकात से ज़्यादा दिया है

जाने क्या मैंने इस जीवन में अच्छा किया है,
मेरे ऊपर वाले ने मुझे औकात से ज़्यादा दिया है।
कभी न ऐसा लगा मैं किसी चीज़ के लिए तरसा,
हमेशा उससे जो माँगा, वहां से बारिश की तरह ही बरसा।

आयी दुनिया में दिक्कतें, जाने कितनी सारी,
पर धीरे-धीरे उसने हिम्मत दी हर बारी।

सोच मेरी पहले थी, बड़ी ही छोटी,
उसने उसे बड़ा किया है,
मेरे ऊपर वाले ने मुझे औकात से ज़्यादा दिया है।

आयी परेशानियाँ, पता साथ है उसका साया
उसकी वजह से, कभी न दिल मेरा घबराया,
ऐसे कर धीरे-धीरे उसने मुझे बड़ा बनाया,

शुक्राना उसका, कुछ न उसने मुझसे लिया है।
मेरे ऊपर वाले ने मुझे औकात से ज़्यादा दिया है।

**14**

# स्वस्थ रखना

मांगता अब मैं कुछ नहीं, सबको तू स्वस्थ रखना,
दारू के साथ छोड़ दिया खाना, अब मैंने... चखना
हाँ, अभी भी स्वाद पूरा लेता हूँ,
पर करता हूँ मैं अच्छी सैर।
देखता हूँ जब बीमार किसी को,
नहीं समझ आता कोई सर-पैर,
कई 70 वाले पीते और खाते हैं,
और कई हट्टे-कट्टे जवान भी आजकल गिर जाते हैं।
दिमाग से मुझे लगता है कि डर के सब बीमार हैं,
जीयो जिंदगी, खेलो खुल के, मत सोचो दिन 100 या 4 हैं।

जितनी कर लो फ़र्क नहीं, क्योंकि दम नहीं इन बातों में है,
सर-पैर इन सबका, क्योंकि सब तेरे ही हाथों में है।

मांगता हूँ बस तुझसे, सबको तू मस्त रखना,
हमारी बिल्डिंग भले ही एक कम बन जाए,

बस सबको तू
स्वस्थ रखना।

15

# कहानी तू सुनाती अच्छी

कहानी तू सुनाती अच्छी,
दिल में ये ख़्याल आया।

किताबें तू पढ़ती रहती है,
देख, दिल मेरा भी ललचाया।

क्यों न तू भी एक लेखक बन जाए,
पक्का तू सफल बन सकती है।

पक्का कुछ बड़ा करेंगे बच्चे मेरे,
विश्वास मुझे, ये मेरी माँ की भक्ति है।

घूम रहे थे हम विदेश,
बन रहे थे किस्से सुहाने।
उठाई कहानी, बनी तू लेखक,
सबको लगा, ये तो हैं जाने-अनजाने।
कितनी मेहनत की फिर तूने,
पढ़ी जिसने, उसने ये माना है।
बहुत बढ़िया किताब है ये,
क्या खूबसूरत चित्रकार और लेखक
मेरी तोना और जियाना हैं।

16

# मज़ा अलग आता

मज़ा अलग आता, अगर ये सब मैं
अपनी "माँ" को सुना पाता,
लगता अच्छा भले नहीं,
उससे मैं काफी तारीफें पाता,
और उन तारीफों में मज़ा अलग ही आता।

एक वो थी मुझसे भी पहले मेरे दिल की जानती थी,
सही बोलूँ या फिर गलत, सब कुछ वो तो मानती थी।

अब नहीं उम्मीद मुझको किसी से जो पूछे,
कहाँ मैं कागज़ कलम लिए छिपता हूँ,

अब वो तो है नहीं, और मैं,
मैं सिर्फ अपने लिए लिखता हूँ,
मैं सिर्फ अपने लिए लिखता हूँ।

17

# अहंकार

मेरी गहराई में न गिरना कभी, पक्का डूब जाओगे,
मैं तो खुद को अब एक गहरा समुद्र मानता हूँ,

खुल के ये मुझे बता दो,
क्या है आज तुम्हारी इच्छा।
लगता तुम्हें होऊँगा बहरा,
पर मैं सब जानता हूँ।

सपने तुम्हारे छोटे हैं, मेरे समंदर के सामने,
मेरे ख्यालों की जद में, खुद को न ढूंढ पाओगे।

बार-बार कह रहा हूँ,

मेरी गहराई में न गिरना कभी, पक्का डूब जाओगे।
मेरी गहराई में न गिरना कभी, पक्का डूब जाओगे।

18

# सब दिमाग का खेल है

सब दिमाग का खेल है
आज जब देखता हूँ पीछे और सोचता हूँ,
अब तक 44 सालों में क्या कमाया,
तो दिमाग कहता है,
अरे यार, अब तक तो कुछ भी खास हाथ ना आया।
फिर लगता है,
क्या 20 साल पहले यहाँ तक पहुँचने की भी उम्मीद थी,
तो दिमाग कहता है,
नहीं यार, तब तो अपने दिल मैं
सिर्फ छोटी-मोटी चीज़ों की खरीद थी।
क्या अजब चीज़ है ये दिमाग,
जो हंसाता है, रुलाता है,
कितनी बार ये पूछता है,
क्या तुम्हें ज़िंदगी जीने का मज़ा आता है?

## अपने लिए लिखता हूँ

इसको जब बोलूँ,
जब तू ना चले, तो सब कुछ ठीक
मगर जब तू ज़्यादा चले,
तो सब कुछ हिल जाता है।
कम चलाओ ये दिमाग, खा-पी के जीवन के मज़े लो,

इस बेशर्म दिमाग के चक्कर में पड़ गए
तो कहते रह जाओगे,
"या खुदा, मुझे और दो, और दो, और दो।"

19

# रेपिन मास्टरबैच

शायरी तो काफी लिखते हैं,
हम सुनाने में काफी तेज हैं।
ख़ुशी से पकाना मीट या
नाचना रख के सिर पर ग्लास
मेरी ज़िंदगी के कई फेज़ हैं।
कोई कहता, तू कवि अच्छा,
कोई कहता, अच्छा खाना पकाता है,
भाई, सच बोलूँ तो तुमने मेरा काम नहीं देखा।

सबसे ज़्यादा मज़ा मुझे अब वहाँ आता है,
वह चल रहा है तो ये सब कर पाते हैं,
वरना हमको पूछे कौन?
जब कर रहे थे हम संघर्ष,
तो शायरी छोड़ो, ज़ुबान पर भी था मौन,

जेब में नोट और दिमाग शांत – हॉबीज़ रखने का ये कैच है।
सबसे अच्छी कुकिंग या शायरी नहीं,
वह तो मेरी कंपनी,
"रेपिन मास्टरबैच है", रेपिन मास्टरबैच है!

20

# कोशिश

कर रहा बदलने की "कोशिश",
दिमाग कहता है, रहने दे।
पहले हारा है कई बार,
फिर हारेगा, मुझे कहने दे।

दिल बोला...

रास्ते में दिक्कतें कितनी भी आयें,
सबको एक-एक कर हम पार करेंगे।
इस खेल में माना हारा था पहले,
पर अबकी बार पलट कर वार करेंगे।

समय आ गया है, कुछ कमाल करने का,
डर-डर के जी लिए बहुत,
खुद को बदल कुछ "धमाल" करने का।

**21**

# टोकना

मेरे ज़्यादा अच्छा सोचने पर टोकते हैं लोग कि
"ज़रूरी नहीं कि अच्छा सोचो तो
अच्छा ही होगा।"
जनाब,
तुम्हारी हालत देख पता लगता है मुझे,
"क्या सब तुमने सोचा होगा।"

हाँ, ज़रूरी नहीं कि जो सोचा मैंने,
सब कुछ ही वो हो जाएगा।
काम कुछ हो या न हो,
"पर चंद पल के लिए"
ये दिल तो खुश रह पाएगा।

दिल जवान तो हम जवान बचपन से सुनते आए हैं,
यही सोच ही तो है बाबू,

जो आज "हम-तुम" इस दुनिया
की महफ़िल में छाए हैं।

22

## करम भूमि

वो जो प्यार है इस धरती से जो मुझे,
जानता हूँ, लगता है पागलपन तुझे।

दिया इसने इतना कुछ कि आभारी मैं इसका हूँ,
बाहर कहीं जाकर लगता है "दिलबर", यहाँ मैं किसका हूँ?

जानता हूँ, यहाँ आज भी बारिश में सब रुक जाता है,
पर मिलते अपने सुबह-शाम जब, दिल मेरा खूब सुकून पाता है।

जानता हूँ, मिलता बाहर 2 मिनट में जो पक जाता है,
मज़ा अलग है ताज़ेपन का, सुबह-शाम जो तू खाता है।

हाँ, है हवा खराब यहाँ की,
सभी दुनिया भर में ये जानते हैं।
बढ़ रहा सबसे तेज़ देश ये,
आज वही सब दुनिया वाले ये भी मानते हैं।

ज़रूर भेजूँगा बच्चों को, बाहर पढ़ने वो जाएंगे,
इसे और बेहतर बनाने के तरीके वो लाएंगे।

बनूँ मैं हिस्सा इसी कहानी का,
दुनिया मैंने सारी घूमी,

मज़ा अलग है इस देश का,

ये है मेरी करम भूमि,
ये है मेरी करम भूमि!

## 23

# जीवन इतना अनिश्चित क्यों है

जीवन इतना अनिश्चित क्यों है?
कैसे-कैसे झटके देता है,

कभी ढूंढता खुशियाँ और सफलता,
क्यों नहीं हर पल यह बराबर चलता,

जैसे रोज़ चाँद चमकता,
जैसे रोज़ सूरज ढलता,

जीवन इतना अनिश्चित क्यों है?

**24**

# घड़ी

मेरी ज़िन्दगी के परेशान और
हसीन पलों की छड़ी,

बदलती रही समय मेरा ये,
मेरी कलाई पर जो मेरी घड़ी।

हर उम्र की वो कड़ी,
हंसती रही ये ज़िन्दगी या किसी से लड़ी,
बात हो छोटी या कोई बड़ी,
बस बदलती रही समय ये
कलाई पर मेरी घड़ी।

कई बार चाहा समय रुक जाए,
और कई बार चाहा, जल्द कट जाए।

मैंने दोनों बार इससे काफ़ी फ़रियाद करी
पर बिलकुल ना मानी,
ये मेरी कलाई की घड़ी।

कई बार मैं थक कर सो गया,
पर फिर भी ये टिक-टिक करती रही।
बुरा हो या बढ़िया, समय की रफ़्तार,
बराबर रहे, ये संभाले रही।

चीज़ लगी छोटी सी,
पर है कमाल बहुत बड़ी—

मेरी कलाई की ये घड़ी।
मेरी कलाई की ये घड़ी।

25

# यारी

बचपन में मेरे फेल होने पर
पापा-मम्मी से आ के कहना,
"कि अंकल-आंटी क्लास ही फेल हो गई सारी।"
ऐसी है मेरी यारी।

भूख न होने पर भी
भुक्कड़ों की तरह बटर चिकन और परौंठी
खाई जिन्होंने मेरे साथ खूब सारी,
ऐसी है मेरी यारी।

ससुराल के लिए वो कमीने,
जिन्होंने देर से बारात पहुँचाई हमारी,
वह है मेरी यारी।

शेयर के डूब जाने पर,
जिन्होंने समझाया,
"भाई, ज़िंदगी ख़त्म नहीं हुई सारी,"
वह है मेरी यारी।

जिनके साथ खेलने में हार जाती क्रिकेट टीम हमारी,
ऐसी है मेरी यारी।

## अपने लिए लिखता हूँ

वह लोग जिनके साथ कर ली हमने थाईलैंड की सवारी,
वह है मेरी यारी।

जिनके साथ बन जाते हैं हम गाड़ियों में "कार-ओ" बारी,
ऐसी है मेरी यारी।

जिनके साथ रहने वाला है ज़िंदगी का यह सफर जारी,
ऐसी है मेरी यारी।

जिनके चक्कर में बनी शायरी यह हमारी,
वह है मेरी यारी।

26

# वजन भी, ये क्या बीमारी है

वजन भी, ये क्या बीमारी है,
दुश्मन है ये हमारी जीभ की,
और पसीने से इसने कर रखी यारी है।

ना किया किसी का बुरा मैंने,
बस कुछ स्वाद ही तो मांगा था,
पर ये वजन बोला,
"छोड़ दे वहीं पुराने कपड़े अपने,
जहाँ उस रात खाने के बाद तूने उन्हें
टांगा था।"

हाल अब ये है,
कसरत वालों से कर ली हमने यारी है,
वो कपड़े वापस पहनने की कोशिश जारी है,
भर गई अलमारी हमारी है...

वजन भी, ये क्या बीमारी है,
वजन भी, ये क्या बीमारी है।

27

# आबाद कर दिया

मुझसे एक बार मिलकर उसने मुझे इंकार कर दिया,
ऐसे सवाल किए कि मेरी नज़रों में
मुझे खुद ही के आगे बेकार कर दिया।

हाँ, लगा उस दिन मुझे भी कि शायद तू है मुझसे बेहतर,
पर अब करूंगा इतनी मेहनत कि ऐसा न कहना पड़े,
"तूने मुझे बर्बाद कर दिया।"

और अब जब दिख रहे हैं रास्ते,
लगता है तूने मुझे इस जीवन में आबाद कर दिया।

28

# गोरापन

ए दोस्त, समझ गया रहकर बाहर,
"चढ़ गया तुझ पर गोरा रंग,
जब तूने पेपर नैपकिन को सर्वियेट्स बोल डाला।

लगा तुझे बन गया मैं अंग्रेज़,
पर हुआ तेरा हिंदुस्तानियों के आगे पूरा मुँह काला।

असल राजे तो हम तब हैं,
जब बाहर देश में जिएं बढ़िया और जेब हो जाए मोटी।

काम करें हमारे यहाँ गोरे और

पेपर नैपकिन को सर्वियेट्स, हम नहीं,

पर ब्रेड को वो सब बेचारे गोरे बुलाएं रोटी।

29

# जवानी

जवानी में जब सोते थे हम,
अब उतने बजे उठ जाते हैं,
क्या लोग हैं हम, समझ नहीं आता,
सभी सही होने से घबराते हैं।

वो बोला, "कल तू पार्टी में नहीं आया,"
वो बोला, "कल तू पार्टी में नहीं आया,"
ख़त्म हो गई क्या तेरी सबसे,
सुनकर मेरा दिल घबराया।
ख़त्म होगा अगर सोएंगे जल्दी,
अब तक जो नाम कमाया।

पर फिर सोचा, बोलने वाले सभी बोलेंगे,
किसी की सुनके कभी मैं न जिया,

अगर लगता तुझे ये सही है, तो यार,
तूने बिलकुल सही किया,
तूने बिलकुल सही किया।

30

# अधूरे सपने

कितने हमारे साथ हैं और कितने बिछड़ गए,
ज़िंदगी की भीड़ से थक कर निकल गए।

चाहते तो वो भी होंगे साथ हमारे कुछ पल बिताना,
चाहते तो वो भी होंगे साथ हमारे कुछ पल और बिताना।

पर हालात ऐसे बने यहाँ, छोड़ हमें,
वो एक बेहतर राह पकड़ गए,
उम्मीद करता हूँ, अब जहाँ, जैसे,
वो बेहतर हालात में ही होंगे।
क्योंकि जाते जाते उनके दर्द और दुख को देख,
हम भी मचल गए,

उसी तरह कभी उनका सोचो,
उसी तरह कभी उनका सोचो,
वो अब हमारे बारे में क्या सोचते होंगे?

बस यही,
"बहुत चाहा हमने जब हम बीमार थे,"
कि हमारे जाने के डर से हमारे अपने न डरें।
और अब जब हम चले गए,

## अपने लिए लिखता हूँ

उन अपनों के लिए कोई दुख-दर्द नहीं,
पर जो सपने हमने साथ देखे,
उन सबको पूरा करें।

ज़िंदगी चीज़ ही ऐसी है,
ज़िंदगी चीज़ ही ऐसी है,
मिली तो हाथ से एक दिन पक्का जाएगी।

मज़ा तब है जब हम कहें,
जा ज़िंदगी, इतना लिया मज़ा तेरा,
अब तू मुझसे क्या छीन पाएगी,
अब तू मुझसे क्या छीन पाएगी?

31

# कॉलेज जो मैं न जा पाया

लगता है ज़िंदगी में एक बहुत बड़ा धोखा खाया,
"ऊपर वाले ने इस पर मेरा साथ न निभाया।"

सभी ने किए मजे अनेक,
मैं यहाँ रहा था, फेंक।
कॉलेज नहीं था मुझको जाना,
काम करना है, ये था बहाना।
नंबर नहीं आए हमारे,
हवा में थे अरमान सारे।
सोचा हिंदू SRCC जाऊँ,
बहुत बड़ा तब नाम पाऊँ।

BA में खालसा जाकर अटका,
पहले दिन लगा वहाँ झटका।

यार मेरे सभी B.Com वाले,
यहाँ सारे ढीले-ढाले।

छोड़ दिया वो सब, बैठ गया मैं गद्दी,
मेरा फॉर्म पहुँच गया कॉरेस्पॉन्डेंस की रद्दी,

## अपने लिए लिखता हूँ

गद्दी पर बैठा, बना मैं लाला,
लगा अब हो गया मेरा मुँह काला।

6 घंटे जिम करने का दम था,
सपने देखने का मौसम था।

सोचा ट्राई करते हैं, मुंबई जाके डायरेक्शन और ऐक्ट्री,
पर किस्मत अच्छी थी, लगा ली एक फैक्ट्री।

चलाने की फैक्ट्री ऐसी सनक छाई,
ज़बरदस्त लोगों की हमने एक टीम बनाई।

जिन्होंने मिलकर एक बहुत अच्छी कंपनी चलाई,
और हाँ, कॉरेस्पॉन्डेंस की आज तक मेरी डिग्री ना आई।

अब 25 साल बाद लगता है,
उसी ऊपर वाले ने मेरा साथ निभाया।

बहुत अच्छा हुआ मैं जो कॉलेज न जा पाया।

32

# सबके लिए लिखता हूँ

दिल से लिखी एक किताब,
अब ढूंढ रहा हूँ पढ़ने वाले,
ज़माना रीलों का है,
अब कोई किताबों में भला क्यों हाथ डाले।

ये पढ़ने वाले ढूंढने की ज़रूरत क्यों अब है जाग रही,
मैंने तो लिखी बस अपने लिए,
ये सोच भला आगे क्यों भाग रही।

पहले नहीं था विश्वास सोचता था,
लिखते में कैसा दिखता हूँ,
चंद तारीफें सुनने के बाद लगता है,
अब में "सबके लिए लिखता हूँ।"
अब में "सबके लिए लिखता हूँ।"

# Hope It Inspired You

If you like the book and get inspired to fulfill any of your old passions, Please do let me know. It shall make me really happy

You can reach me via:

☞ **Call or WhatsApp: +91 9810000983**

☞ **Email:** ***Jalaj@repinmasterbatch.com***

Follow me on:

☞ **Instagram:** ***@jalajchabra***

☞ **YouTube:** ***@jalajchhabra7721***

And don't forget to check out my daughter Jianna Chhabra's upcoming travel adventure book, **"Hectic Holidays Down Under."**

Thank you so much!

Now, back to creating a world-class organization,

Repin Masterbatches

Onwards and upwards,

**Jalaj Chhabra**

**Author** ✍

***www.apneliyelikhtahoon.com***